Mitología Griega

Una guía sobre los dioses, la mitología y el folclore griegos

Ross Romano

Contenido

Introducción

¿Quiere aprender todo lo que hay que saber sobre la mitología griega? ¿Has querido siempre saber más sobre los titanes, los olímpicos, los semidioses y las diosas, o los temibles monstruos griegos que dominan el canon mítico? En ese caso, este libro te va a encantar. Hemos reunido todo lo que podrías querer saber sobre la mitología griega en un libro de fácil lectura. Desde los orígenes de la mitología griega hasta las historias más populares, este libro lo tiene todo.

La mitología griega puede identificarse como el conjunto de mitos que inicialmente compartían los antiguos griegos, en una época de folclore; los relatos que se contaban en esta época suelen girar en torno al origen y la propia estructura de nuestro mundo, las aventuras y tribulaciones de los héroes, los dioses y los seres mitológicos, y son el punto focal inicial de muchos de los rituales y prácticas religiosas de la antigua Grecia.

Hoy en día, los historiadores modernos se fijan en estos mitos para poder comprender mejor las creencias políticas y religiosas de los antiguos griegos y su civilización, en un intento de entender mejor su tiempo en la Tierra y las ideas que subyacen a estos mitos en general.

Hasta la fecha, la mitología griega ha influido enormemente en las artes, la lengua, la literatura y la cultura contemporáneas del mundo occidental. Actualmente sigue siendo un aspecto integral del patrimonio occidental. Durante siglos, los poetas y artistas se han inspirado en la mitología griega y han descubierto que sigue teniendo un significado y unos temas relacionables, incluso en nuestra sociedad moderna. Es muy probable que también tú puedas encontrar significado y conexión con la mitología griega.

En este libro, veremos con más detalle quiénes eran los dioses griegos. Profundizaremos en los dioses griegos originales, los titanes, así como en su lucha por el poder con los olímpicos. También hablaremos de los olímpicos con más detalle en el primer capítulo, centrándonos principalmente en los doce miembros del Monte Olimpo.

A continuación, pasaremos a discutir el concepto de semidioses y lo que constituye un semidiós. Una vez que hayamos cubierto una comprensión básica de lo que es un semidiós, pasaremos a analizar cinco de los semidioses más conocidos de la mitología griega y veremos en detalle lo que los hizo famosos. Algunos de estos nombres resultarán familiares para quienes tengan conocimientos básicos sobre la mitología griega, pero otros pueden ser totalmente nuevos para ti.

A continuación, echaremos un vistazo a algunos de los héroes más alabados que están documentados en la mitología griega. Como es de esperar, algunos de estos héroes figuran en nuestra lista de semidioses, aunque algunos de los que aparecen aquí pueden sorprenderte o pueden ser personas de las que nunca has oído hablar.

A continuación, pasaremos a destacar algunas de las criaturas y monstruos más temidos de la mitología griega, y trataremos brevemente sus batallas con los héroes, y los resultados de esas batallas.

Por último, terminaremos el libro con algunas de las historias más famosas de la mitología griega. Llegados a este punto, los personajes de estas historias ya deberían estar claros gracias a los capítulos anteriores, lo que te permitirá sentarte y disfrutar de todas las bellas historias que se te ofrecen.

Capítulo 1: ¿Quiénes son los dioses griegos?

En este capítulo, repasaré algunos de los principales dioses griegos. Mucha gente conoce a algunos de los dioses griegos más famosos, como Zeus, pero ¿qué hay de los otros once olímpicos y de los titanes que los precedieron?

Te llevaré a través de cada uno de estos grupos, destacando los dioses griegos más importantes y abordando sus historias de fondo con más detalle y profundidad.

Los Titanes

Empecemos con los Titanes. Los titanes son deidades de la mitología griega que se cree que existían antes que los olímpicos, a los que me referiré con más detalle más adelante en este capítulo. Los Titanes eran hijos de las primeras deidades, Gea y Urano, también conocidos como la Tierra y el Cielo.

Los Titanes estaban formados por Tetis, Teia, Océano, Hiperión, Fobo, Ceo, Rea, Cronos, Crío, Temis, Jápeto y Mnemósine. Cronos era el líder de los Titanes; este papel le fue concedido una vez que fue capaz de superar a su padre Urano y arrebatarle el trono de sus tiranas garras. En años posteriores, Cronos descubrió que existía una profecía según la cual su hijo acabaría haciendo lo mismo que Urano, y se esforzó por evitarlo.

A pesar de los intentos de Cronos por impedirlo, la profecía se cumplió. Zeus robó el trono, terminando así la era de los Titanes y comenzando la era olímpica tras la gran guerra entre ambos, conocida como la Titanomaquia.

Los Titanes más detalladamente

Ahora que conoces la breve historia de los Titanes, vamos a repasar cada uno de ellos con un poco más de detalle.

Asteria

Asteria era hija de otros dos titanes, Febe y Ceo. También era hermana de Leto, y el titán Perses era su marido. Con Perses tuvo una hija llamada Hécate.

Asteria era la diosa de las estrellas fugaces y los oráculos nocturnos. Fue acosada por Zeus, pero decidió escapar de sus garras. Lo hizo transformándose en una codorniz y cayendo al mar Egeo. Se transformó en Ortigia, también conocida como la isla de las codornices, y está relacionada con la isla de Delos.

Astreo

Hijo de los también titanes Euribia y Crío, Astreo era el dios de los vientos y del crepúsculo. La diosa del amanecer, Eos, era su esposa; juntos tuvieron muchos hijos, incluidos los cinco Astra Planeta, o planetas, como se les conoce más comúnmente. También dieron a luz a los cuatro Anemoi.

Atlas

Atlas, uno de los Titanes más famosos e hijo de Clímene y Iapeto, fue el líder de la rebelión de los Titanes que se opuso a Zeus. Por ello, cuando los Titanes perdieron la Titanomaquia, fue severamente castigado y enviado a sostener el cielo por el resto de los tiempos.

Esto se relaciona con el hecho de que Atlas suele mostrarse como un hombre grande con barba, a menudo encorvado, debido al peso de sostener los cielos.

Clímene

Clímene era conocida como la diosa de la fama y la infamia, y se casó con su compañero Titán, Jápeto. Entre ambos tuvieron cuatro hijos: Epimeteo, Atlas, Menecio y Prometeo. Su padre era Oceáno, y su madre era Tetis.

Ceo

Hijo de Urano y Gea, el nombre de Ceo se traduce como "a la pregunta". Debido a esto, se suele pensar que Ceo era probablemente un Titán que tenía un alto intelecto y una mente curiosa.

También se sabe que era uno de los cuatro pilares que separaban la Tierra de los cielos. Representaba el pilar del norte, mientras que los otros tres pilares estaban en manos de sus tres hermanos, Crío, Jápeto e Hiperión.

Estos cuatro hermanos contribuyeron al derrocamiento de su padre, Urano. Esto se debe a que, como los cuatro pilares, estaban situados en cada una de las cuatro esquinas de la Tierra, lo que significaba que eran capaces de mantener a Urano en su lugar mientras su otro hermano, Cronos, utilizaba una hoz de diamante que le había dado su madre, Gea, para castrarlo.

Crío

Como se ha mencionado anteriormente, Crío es otro Titán, hijo de Gea y Urano. Se casó con Euribia, hija de Ponto y Gea. Tuvieron tres hijos juntos: Pallas, Perses y Astraios.

Al igual que su hermano Ceo, Crío era uno de los cuatro pilares que mantenían separados la Tierra y los cielos. Era el representante del pilar sur. En la Titanomaquia, Crío luchó junto a sus compañeros Titanes, pero sin tener un papel específico destacable. Una vez que los Titanes perdieron la batalla, Crío y sus hermanos fueron enviados al Tártaro, el nivel más bajo del Inframundo.

Cronos

Cronos fue el último hijo de Gea y Urano, los líderes de la primera generación de Titanes. Desempeñó un papel esencial en la dirección de la revolución contra Urano; no obstante, una vez en el poder, se volvió tan tirano como su padre, encarcelando a los cíclopes y a los hecatónquiros antes de comerse a todos sus hijos excepto a uno. Ese hijo sería Zeus, que acabaría derrocándolo y dando comienzo a la era olímpica.

Los cinco hermanos de Cronos eran Oceanus, Ceo, Crío, Jápeto e Hiperión, y sus hermanas eran Mnemósine, Tea, Tetis, Febe, Rea y Temis. Se casó con su hermana, Rea, y tuvieron seis hijos juntos: Hestia, Hera, Hades, Poseidón, Deméter y Zeus.

Dione

Se cree que Dione era hija de Tetis y Océano. Algunos dicen que fue la primera esposa de Zeus y que dio a luz a la diosa Afrodita. Se la veneraba junto a Zeus en uno de los primeros oráculos de Grecia, situado en Dodona. Este santuario de Dodona tiene una profetisa y una sacerdotisa, llamadas las Pléyades o "Las Palomas". La Paloma es el ave sagrada de Afrodita.

Eos

Hija de los titanes Teia e Hiperión, Eos era conocida como la diosa del amanecer. Tenía un hermano, Helios, el dios del sol, y una hermana llamada Selene, la diosa de la luna. Estaba prometida a Astreo, que era el dios del crepúsculo. Entre los dos tuvieron muchos hijos que representaban cada cosa que ocurría durante la unión del crepúsculo y la aurora, como el crepúsculo.

De esos hijos, Anemoi era el dios de los vientos, Eósforo era el dios de la estrella de la mañana y Astra Planeta era la diosa de los planetas. También se cree que fue romántica con el dios Ares, lo que enfureció tanto a Afrodita que la maldijo con impulsos sexuales que nunca pudieron ser satisfechos.

Por ello, Eos secuestró a una serie de hombres más jóvenes como Titono, Orión y Céfalo.

Epimeteo

Epimeteo era hijo de Clímene y de Iapeto, y hermano de Atlas, Menecio y Prometeo. El nombre de Epimeteo deriva del término griego que significa "pensamiento posterior". En griego, Prometeo también tiene otro significado: "previsión". Esta es una de las razones por las que Epimeteo a menudo parecía el menos inteligente de los dos, siendo Prometeo visto como más inteligente.

Los hermanos Epimeteo y Prometeo recibieron instrucciones de dotar a todos los nuevos animales de sus características. Epimeteo comenzó ofreciendo a cada animal un rasgo positivo. Sin embargo, como carecía de previsión, no pudo predecir que cuando llegara al hombre, ya había dado todos los rasgos positivos. Por ello, Prometeo decidió ofrecer a la humanidad el fuego y las artes civilizadoras.

Euribia

La diosa titán de los mares era conocida como Euribia, aunque solo es una deidad menor y nunca figuró mucho en la mitología griega. Hija de Gea y Ponto, también estaba casada con su compañero Titán, Crío.

Eurínome

Eurínome fue la tercera esposa de Zeus y fue una diosa titán. Su padre era Oceanus, y su madre era Tetis. Tuvo tres hijas con Zeus: Aglaya, la diosa del esplendor, Eufrosina, la diosa de la alegría, y Talía, la diosa del buen humor. También eran conocidas como las tres Caritas.

Hiperión

Hiperión era hijo de Gea y Urano, y era el Titán que representaba la sabiduría, la vigilancia y la luz. Era el padre de la luna, el sol y la aurora. En algunas de las primeras transcripciones, el sol se menciona como Helios Hiperión. Sin embargo, en las transcripciones posteriores, incluyendo los textos de Hesíodo y Homero, Hiperión y Helios se definen por separado, y Helios se señala como la representación física del sol. Curiosamente, no se menciona a Hiperión en la Titanomaquia, a pesar de su prominencia como Titán.

Hiperión desposó a Teia, de la que tuvo tres hijos, Selene la luna, Helios el sol y Eos la aurora. Como ya hemos comentado, Hiperión era conocido como uno de los cuatro pilares que mantenían separados el Cielo y la Tierra. Aunque no está escrito, muchos creen que es el pilar del este, debido a que su hija es la aurora.

Jápeto

El último hermano de los cuatro pilares, Jápeto, era también hijo de Gea y Urano. También fue el padre de Prometeo, Atlas, Menecio y Epimeteo. Algunos consideraban a Jápeto el dios de la artesanía. Sin embargo, otros lo veían como el dios de la mortalidad. Representaba el pilar occidental y ayudaba a mantener a Urano en su sitio para que su hermano Cronos lo castrara con la hoz.

Se cree que los hijos de Jápeto fueron también los ancestros de los humanos. Por ello, trajeron consigo algunas malas cualidades que llevaron a su desaparición, y estas cualidades también se transmitieron de ellos a la humanidad. Prometeo era considerado inteligente; sin embargo, se considera que transmitió la intriga a la humanidad. Epimeteo transmitió la estupidez, Atlas el exceso de audacia y Menecio la violencia y la arrogancia.

Lelanto

El nombre de Lelanto significa "algo o alguien que pasa desapercibido". Esto significa que se convirtió en el Titán de la habilidad de los cazadores, acechando a la presa, el aire y lo que no se ve. Era hijo de Ceo y Febe, y hermano de Asteria y Leto. Se casó con Periboa, y Aura fue su hija.

Menecio

Hermano de Atlas, Epimeteo y Prometeo, el nombre de Menecio deriva de las palabras griegas para "poder" y "perdición". Por ello, se le consideraba el dios Titán de la acción temeraria y la ira violenta.

Tras perder la gran guerra de los dioses, Zeus mató a Menecio y lo envió al Tártaro.

Metis

Hija de Tetis y Océano, Metis fue la primera esposa de Zeus y la diosa de la prudencia, el pensamiento profundo y la sabiduría. Hubo una profecía según la cual Metis daría a luz a dos vástagos, uno de los cuales sería Atenea, y el otro sería un hijo que un día derrocaría a Zeus. Zeus tenía miedo de esta profecía, por lo que consiguió engañar a Metis para que se transformara en una mosca, y luego se la comió. Metis ya estaba embarazada de Atenea en ese momento, y dentro del estómago de Zeus, creó un casco para Atenea. Fue tal el dolor que Zeus pidió a Hefesto que le diera un hachazo en la cabeza. Una vez que se abrió, Atenea emergió con una armadura y completamente desarrollada.

Mnemósine

Conocida como la diosa de la memoria, Mnemósine era hija de Gea y Urano. Además, con el nombre de Mneme, se acostó con Zeus durante nueve días seguidos, lo que dio lugar al nacimiento de las nueve musas diferentes. En la teogonía de Hesíodo, los reyes y los poetas sentían admiración por Mnemósine y por cada una de las musas, lo que se traducía en el excelente uso de palabras poderosas en los grandes discursos.

Océano

Océano es uno de los dioses griegos más antiguos. Según algunos relatos, nació de los dioses primigenios Gea y Caos, antes de ser aprobado por Eros. Otros relatos lo sitúan como uno de los doce titanes principales, por lo que es hijo de Urano y Gea.

Océano fue desposado con Tetis, su hermana, y juntos tuvieron varios hijos, conocidos como las Oceánidas. Estas Oceánidas eran diosas y dioses menores que supervisaban el mar, las fuentes y los ríos. La alta fertilidad de Oceanus y Tetis provocó inundaciones, por lo que se divorciaron para evitar que esto se repitiera. Como ninguno de los dos participó en la Titanomaquia y ninguno luchó contra Zeus, éste les permitió seguir reinando sobre su reino del agua.

Ofión

Ofión era uno de los dioses titanes más antiguos de la mitología griega, y era el gobernante de la Tierra junto a su esposa Eurínome, antes de ser derrocado por Rea y Cronos.

Palas

Hijo de Euribia y Crío, Palas tenía dos hermanos, Perses y Astro. Tuvo varios hijos con su esposa Estigia, llamados Kratos, Bía, Zelus, Nike, Escila, Lacus y Fontes. Palas era el dios de la guerra y fue asesinado en la Titanomaquia por la diosa Atenea.

Perses

Otro hijo de Euribia y Crío, Perses era el dios de la paz y la destrucción. Casado con Asteria, una diosa titán, tuvieron una hija llamada Hécate, que se convirtió en la diosa de la magia, la brujería y el desierto.

Febe

Febe fue prometida a Ceo, y tuvieron a Asteria y Leto. Sus padres eran Urano y Gea. También era abuela de Apolo y Artemisa, dos de los doce olímpicos. Por ello, a menudo se les llama Febe y Febo, en su memoria.

Como no luchó en la Titanomaquia, quedó exenta de ser encarcelada en el Tártaro.

Prometeo

A pesar de ser un Titán, Prometeo trabajó junto a su hermano Epimeteo y se alió con Zeus durante la Titanomaquia. A pesar de ello, empezó a discutir con Zeus por el trato que éste daba a los humanos. Prometeo procedió entonces a robar el fuego a los dioses griegos y se lo dio a la humanidad. Como castigo, Zeus encadenó a Prometeo y dejó que las águilas se cebaran con él. Después de mucho tiempo, el hijo de Zeus, Heracles, liberó a Prometeo disparando al águila, antes de que Prometeo y Zeus se reconciliaran.

Rea

Rea era la hija de los titanes Urano y Gea. Era la esposa y hermana de Cronos y se encargaba de que las cosas fluyeran dentro del reino que Cronos supervisaba.

Juntos tuvieron seis hijos: Hades, Hera, Poseidón, Hestia, Deméter y Zeus. Cronos temía que sus hijos lo derrocaran como a su padre, así que optó por tragarse a cada uno de ellos. Sin embargo, Rea salvó a Zeus, que pasó a conquistar a Cronos y le obligó a repudiar a sus hermanos.

A pesar de tener un templo en Creta, donde escondió a Zeus de Cronos, no tiene muchos seguidores. En el arte, se la suele representar con dos leones tirando de un carro celestial. Este símbolo se utilizaba con frecuencia en las puertas de las ciudades, como en Micenas.

Selene

Hija de Hiperión y Teia, Selene era también la madre de Eos y Helios. Era la encargada de arrastrar la luna por el cielo cada noche y por ello se la conocía como la diosa de la luna. También estaba muy vinculada a Hécate y Artemisa, y las tres eran vistas como las diosas lunares.

Estigia

Hija de Tetis y de Océano, Estigia era una de las muchas hermanas fluviales de las Oceánidas. Era la diosa del río Estigia, además de ser la esposa de Palas. Juntos tuvieron cuatro hijos: Nike, Bia, Kratos y Zelus.

En la Titanomaquia, luchó junto a Zeus y los olímpicos.

El río Estigia era conocido como la línea fronteriza que dividía la Tierra y el Inframundo. Esta fue la misma agua en la que Aquiles se sumergió de niño, lo que hizo que se volviera invencible. Sin embargo, su madre lo sujetaba por los talones mientras lo sumergía, lo que significaba que parte de su cuerpo seguía siendo vulnerable. De ahí viene el término "talón de Aquiles".

Tetis

Casada con Oceanus, Tetis era hija de Gea y Urano. Dio a luz a los dioses fluviales que vivían en estos ríos y que eran conocidos como los Oceánidos. A pesar de ser la madre de tantas deidades diferentes en la mitología griega, Tetis no era muy venerada.

Cuando la Titanomaquia estaba en curso, Rea le trajo a Hera, y ella la crió como propia.

Tea

Tea era otra hija de Gea y Urano, y su nombre significa "divina" o "diosa". Tenía fama de ser una diosa hermosa y, como tal, era la diosa de la luz. Tea fue desposada con Hiperión y dio a luz a Selene, Helios y Eos.

Temis

Por último, llegamos a Temis. Otra hija de Gea y Urano, Temis era la representación del orden moral. También se la conoce como la segunda esposa de Zeus en un matrimonio que le permitió reafirmar su control tanto sobre los dioses como sobre los humanos.

Temis también estaba a cargo de todo el orden y la ley indiscutibles. Ella elaboró las leyes divinas que todos los dioses seguían.

Los olímpicos

Los olímpicos fueron los dioses griegos que llegaron a derrocar a los titanes; estaban formados principalmente por la tercera y cuarta generación de los titanes, y por ello fueron adorados como dioses del panteón griego. Se les llamaba los olímpicos, ya que vivían en la cima del monte Olimpo. Consiguieron superar el dominio de los Titanes tras una guerra de diez años en la que Zeus lideró la carga, con sus hermanos ayudándole a superar a los Titanes y al propio padre de Zeus.

Los olímpicos estaban formados por varios olímpicos de primera generación, los hijos de algunos titanes y la propia descendencia de Zeus. A pesar de que Hades es una deidad importante y esencial en el panteón griego y también es hermano de Zeus, gobierna el Inframundo, muy lejos del Olimpo. Por ello, no se le considera uno de los olímpicos.

En esta sección del libro, nos centraremos principalmente en los primeros doce olímpicos, aunque hay muchos que siguieron y que también pueden ser considerados olímpicos. Heracles, por ejemplo, residió en el Olimpo tras su apoteosis antes de casarse con otra olímpica, Hebe.

Los doce dioses

No existe una lista confirmada de los doce dioses olímpicos exactos. Sin embargo, hay ciertos dioses y diosas griegos que son los más elegidos para ser vistos como los doce primeros olímpicos.

Zeus

Zeus es probablemente el dios griego más conocido y representado de cualquier época. Era el soberano del monte

Olimpo y el rey de los demás dioses griegos. Era el dios del trueno, el rayo, la ley, la justicia, el orden y el cielo.

Era el hijo menor de Rea y Cronos, los titanes, y el hermano de Poseidón, Hades, Hestia, Deméter y Hera, con quien se casó más tarde, a pesar de tener muchas amantes. Sus símbolos eran el águila, el roble, el toro, el cetro, las escamas y el rayo.

Hera

Esposa de Zeus y reina de los dioses, Hera era la diosa de las mujeres, los partos, la familia y el matrimonio. Era la hija menor de los titanes Rea y Cronos, por lo que era hermana de Zeus.

Como era la diosa del matrimonio, solía vengarse de las amantes de Zeus y de su descendencia. Sus símbolos eran la vaca, el cuclillo y el pavo real.

Poseidón

Poseidón, otro olímpico muy conocido, era el dios griego del agua, las tormentas, los mares, los terremotos, los huracanes y los caballos. Poseidón era el hijo mediano de Rea y Cronos, por lo que era hermano de Hades y Zeus. Estaba casado con la nereida Anfítrite, diosa del mar. Sin embargo, al igual que otros dioses griegos, tuvo bastantes amantes diferentes. Sus símbolos eran el toro, el caballo, el tridente y el delfín.

Deméter

Deméter era la diosa olímpica de la fertilidad, la cosecha, la naturaleza, la agricultura y las cuatro estaciones. Velaba por la fertilidad de la Tierra y sus granos. También era amante de Zeus y Poseidón, y dio a luz a Perséfone. Sus símbolos eran el trigo, la amapola, la antorcha, el cerdo y la cornucopia.

Atenea

Atenea es la hija de Zeus y la diosa de la guerra, la artesanía y la sabiduría. Se levantó completamente crecida de la cabeza de su padre y luchó junto a él en la Titanomaquia. Sus símbolos son el olivo y el búho.

Apolo

Dios del sol, de la filosofía, de la luz, de la profecía, de la verdad, de la poesía, del tiro con arco, de la inspiración, de las artes, de la medicina, de la música, de la belleza varonil, de la peste y de la curación, Apolo es otro olímpico esencial. Es el hermano gemelo de Artemisa e hijo de Leto y Zeus. Sus símbolos incluyen un ratón, un cisne, una lira, un arco y una flecha, y el sol.

Artemisa

Diosa de la virginidad, la naturaleza y la caza, Artemisa es hija de Leto y Zeus, y Apolo es su hermano gemelo. Sus símbolos son un caballo, un ciervo, un sabueso, una serpiente y la luna.

Ares

Ares era conocido como el dios de la violencia, el derramamiento de sangre, las virtudes varoniles y la guerra. Era hijo de Hera y Zeus, y era odiado por casi todos los demás dioses, excepto por Afrodita. Sus símbolos son la serpiente, el perro, la lanza, el escudo, el jabalí y el buitre.

Afrodita

Conocida como la diosa del placer, el amor, la pasión, la fertilidad, la procreación, el deseo y la belleza, Afrodita era la hija de Zeus y una de las Oceánidas, conocida como Dione. También existe la teoría de que nació a través de la sangre de Urano que cayó al mar tras ser castrado por su hijo Cronos. Estuvo casada con Hefesto, pero tuvo varias aventuras, incluida una con Ares. Sus símbolos son la manzana, la paloma, el cisne, la abeja y la rosa.

Hefesto

Hefesto, el principal artesano y herrero de todos los dioses, era, por supuesto, conocido como el dios de la artesanía, la falsificación, la invención, los volcanes y el fuego. Estaba casado con Afrodita. Es hijo de Hera, y sus símbolos eran el yunque, el fuego, un asno, un martillo, un hacha, unas lenguas y una codorniz.

Hermes

Otro dios griego muy popular y conocido, Hermes, era el mensajero de los dioses, además de ser el dios de la diplomacia, los viajes, la comunicación, el comercio, la elocuencia, los juegos y las fronteras. Incluso era el guía de las almas muertas. Era otro hijo de Zeus y es el segundo olímpico más joven, solo por detrás de Dionisio.

Estos once son los que más comúnmente se encuentran como parte de los doce olímpicos. El último olímpico suele ser Dionisio o Hestia, dependiendo de la fuente.

Hestia

Hestia, diosa del fuego, es una de las olímpicas de primera generación, por lo que a menudo se la considera una de las doce olímpicas originales.

Es la hermana mayor de Hera, Zeus, Hades, Poseidón y Deméter. En los últimos tiempos se ha especulado con que cedió su trono a Dionisio para mantener la paz.

Dionisio

Dioniso es el único olímpico que tiene una madre mortal, la princesa Sémele. También es hijo de Zeus y dios de la vid, el vino, la fiesta, la locura, la resurrección y el éxtasis.

Capítulo 2: Los semidioses

Ahora que hemos hablado de los principales dioses de la mitología griega, desde la época de los titanes hasta los olímpicos, es el momento de analizar el papel que desempeñan los semidioses dentro de la mitología griega.

En este capítulo, hablaremos de lo que constituye exactamente un semidiós, antes de identificar algunos de los semidioses más poderosos documentados con la mitología griega. Este capítulo te permitirá comprender mejor la diferencia entre dioses y semidioses, y sacará a relucir algunos nombres que quizá te resulten familiares (y otros que no).

¿Qué es un semidiós?

El término semidiós se utiliza en la mitología griega para describir a un ser que tiene un progenitor humano y otro divino. El progenitor divino no tiene por qué ser uno de los principales dioses del Olimpo que he enumerado en el primer capítulo; también puede ser un dios menor, como una ninfa.

Se creía que los semidioses que nacían de esta manera tenían dones únicos e inusuales que iban mucho más allá de las habilidades de un mortal ordinario. Debido a estos poderes, los semidioses solían ser considerados héroes en muchos mitos griegos, de diferentes maneras.

Las historias de los semidioses han influido en muchas generaciones de la sociedad y en verdaderas figuras icónicas de la historia. Por ejemplo, Alejandro Magno se empeñó en decir que era un pariente lejano de Zeus, que, como sabemos, era el rey de los olímpicos. Desde muy joven leyó la Ilíada, el poema escrito por Homero. Estaba tan fascinado por la historia de Aquiles que se dice que llevaba una copia del poema a todas partes.

5 semidioses de la mitología griega

Cuando se habla de los semidioses y diosas de la mitología griega, las primeras palabras que le vienen a la mente a la mayoría de la gente son sobrenatural, coraje, guerra y valentía.

Todos hemos deseado alguna vez tener algún tipo de superpoder al que poder recurrir, aunque sea de poca importancia.

A continuación, he analizado algunos de los semidioses y diosas más destacados y notables de la mitología griega para que te hagas una idea de algunas de las habilidades y talentos que poseían estos personajes.

Aquiles

También conocido como el "héroe de Troya", Aquiles es uno de los semidioses más famosos de la mitología griega. Es hijo del rey de los mirmidones, Peleo, y de Tetis, la ninfa del mar, y tiene fama de ser extremadamente valiente y luchador. Hay innumerables mitos y leyendas que se han escrito sobre él, algunas de las cuales se tratarán en el capítulo cuatro.

Como he mencionado en el capítulo anterior, una de las historias más famosas sobre Aquiles es que su madre Tetis lo bañó en el río Estigia. Su intención era hacer a su hijo inmortal. Sin embargo, lo hizo sujetándolo por los talones y sumergiéndolo en el río. De este modo, todo el cuerpo de Aquiles quedaba cubierto, salvo los pies, lo que hacía que su talón fuera su punto débil. Por eso, en la sociedad actual, la debilidad de alguien suele describirse como su "talón de Aquiles".

Perseo

Otro semidiós famoso, Perseo, era hijo del rey de los olímpicos, Zeus, y de una mujer mortal llamada Dánae. Sus historias son algunas de las más famosas de la mitología griega. En una ocasión, el rey Polidectes le envió a una misión aparentemente imposible, que consistía en decapitar a la gorgona Medusa. El problema de esta tarea es que cualquiera que mirara directamente a los ojos de Medusa se convertiría instantáneamente en piedra.

Para intentar ayudarle a conseguir esta hazaña, contó con el apoyo de muchos de los distintos dioses griegos. Por ejemplo, Hermes le ofreció un par de sandalias aladas y una espada afilada y curva. Atenea, la diosa griega, ofreció a Perseo un escudo que también podía funcionar como espejo para evitar mirar directamente a los ojos de Medusa. Hades incluso entregó a Perseo un casco que le permitiría volverse invisible cuando lo llevara puesto.

Por supuesto, Perseo pudo matar a Medusa y salvar a Adrema de un miserable monstruo marino antes de casarse con ella. Perseo tomó la cabeza de Medusa y se la entregó a la diosa griega Atenea.

Heracles

También llamado Hércules (la versión romana de su nombre), Heracles era hijo de una mujer mortal llamada Alcmena y del rey del Olimpo, Zeus. A menudo se le representaba como un hombre con una gran barba y vestido con una piel de león, además de llevar un arco o un garrote de madera como arma preferida.

A lo largo de la historia, Heracles nunca ha sido representado como alguien con un alto nivel de paciencia, o incluso de inteligencia. Se dice que a menudo tenía un temperamento muy fuerte y actuaba de forma irracional. En una historia, se dice que

Heracles se frustró tanto por el calor que le daba el sol que amenazó con disparar al sol con su arco y flecha para refrescarse.

Como ya he mencionado, Hera, la esposa de Zeus, nunca estuvo contenta con las amantes de Zeus ni con la descendencia que tuvieron juntos. En el caso de Heracles, esperó hasta que Heracles se hizo adulto para vengarse de las infidelidades de su marido. Entonces le echó encima la locura temporal. Esta maldición hizo que Heracles asesinara a sus hijos. Una vez que se recuperó de los efectos de la maldición, sintió una abrumadora sensación de pena y tristeza. Para compensar los crímenes que había cometido, se le ordenó que fuera a realizar doce trabajos diferentes. Estas labores incluían vencer a la Hidra, que era una serpiente enorme con varias cabezas; dar caza al escurridizo jabalí de Erymanthia; robar las yeguas de Diomedes; apresar al toro de Creta; pellizcar las manzanas de Hesperides; capturar y contener al perro de los infiernos, Cerbero; llevarse el ganado de Gerión; recoger el cinturón de Hipólita; asesinar a las aves de Estinfalia; matar al casi imbatible león de Nemea; apresar a la cierva de oro; y limpiar los establos de Augías en un solo día.

Helena

Posiblemente la semidiosa más famosa, Helena era conocida por su belleza y era hija de Leda y Zeus. Según la mitología griega, Zeus sedujo a Leda visitándola y transformándose en el cuerpo de un cisne.

Hay un famoso poema que también se ha reproducido en formato cinematográfico, según el cual Helena fue la principal razón de que se produjera la Guerra de Troya. Esto se debió a que Helena se comprometió con Menelao, que era el rey de Esparta, y el hermano menor de Agamenón. Sin embargo, Paris, el príncipe de Troya, robó a Helena de Esparta y la llevó de vuelta a Troya. Este engaño dio lugar al inicio de la Guerra de Troya, que duró casi una década.

Teseo

Por último, tenemos a Teseo, el único semidiós de esta lista que no es hijo de Zeus. Teseo era hijo de Aethra, una mujer mortal, y de Poseidón, el dios olímpico. Teseo es conocido por haber matado a muchos villanos de alto nivel, como Esciro, Procrustes y Sinis. Sin embargo, la hazaña más importante que se le atribuye fue cuando mató al Minotauro, que era propiedad del rey Minos de Creta, y que estaba alojado en un laberinto en Cnosos. Este Minotauro era un monstruo especialmente agresivo y fuerte, ya que era mitad toro y mitad hombre.

También se sabe que Teseo estuvo cautivo de Hades hasta que Heracles acudió a su rescate. Finalmente, fue engañado antes de ser asesinado por el rey Licómedes.

Capítulo 3: Héroes y monstruos de la mitología griega

Ahora es el momento de pasar a los principales héroes y monstruos de la mitología griega. A estas alturas, espero que reconozcas algunos de los nombres de este capítulo; sin embargo, también leeré alguna información vital sobre cada dios para que no se te escape nada.

En este capítulo veremos a los héroes más importantes de la mitología griega. También profundizaremos en algunos de los monstruos más peligrosos y grandes que aparecen en la mitología griega, tocando su herencia y por lo que son venerados.

Héroes griegos

Aquiles

Como ya se sabe a estas alturas, Aquiles fue sumergido en el río Estigia por su madre, lo que le hizo invencible en todas partes, excepto en los talones, ya que fue allí donde lo sostuvo mientras lo sumergía.

Aquiles es conocido como uno de los mejores héroes griegos, ya que fue uno de los grandes guerreros de la guerra de Troya, luchando del lado de los griegos. Sin embargo, al final de la guerra, Paris, el príncipe de los troyanos, mató a Aquiles hiriéndolo mortalmente en el talón.

Esta historia es una de las más famosas de la mitología griega y reafirma el uso actual del término "talón de Aquiles" en la sociedad actual.

Hércules

Después tenemos a otro semidiós del que ya se ha hablado; Hércules está considerado como uno de los héroes griegos más valientes, poderosos y queridos. A pesar de no ser el semidiós más brillante, Hércules llegó a ser un famoso y noble guerrero.

Sin embargo, como ya hemos comentado, Hera le volvió loco temporalmente y llegó a matar a su familia. Entonces tuvo que completar los doce trabajos descritos en el capítulo anterior, lo que parecía casi imposible. Desde entonces, estos trabajos se han convertido en el tema de muchas piezas dramáticas y formas de arte diferentes.

Héctor

Héctor era el hijo mayor del rey de Troya y hermano mayor de Paris. Cuando el romance de su hermano con Helena llevó la guerra a sus puertas, Héctor fue encargado de liderar la defensa de la ciudad de Troya en la guerra de Troya.

A pesar de que los troyanos acabaron perdiendo la guerra, Héctor fue muy apreciado por su nobleza y valor. En la Ilíada de Homero, se dice que el resultado de la guerra se debió principalmente a la influencia de los dioses. Hacia el final de la guerra, Héctor se ve obligado a luchar contra Aquiles, el prolífico guerrero griego y semidiós.

Al principio, Héctor tenía miedo y optó por correr, dando tres vueltas completas a toda la ciudad, antes de superar finalmente su miedo y decidirse a levantarse y luchar. A medida que la lucha avanza, Héctor descubre que los dioses favorecen a Aquiles ganando la batalla. A pesar de ello, sabiendo que pronto iba a morir, sigue luchando de forma valiente y noble.

Jasón

Jasón era ampliamente conocido como el líder de los Argonautas. Los argonautas eran un grupo de 50 héroes que navegaban por los mares, tratando de encontrar el vellocino de oro. Pelias, que era el tío de Jasón, robó el reino que era legítimamente de Jasón. Le dijo a Jasón que podría recuperar su reino, pero solo si Jasón le traía el Vellocino de Oro. El vellocino de oro estaba hecho de lana de un carnero que era mágico y tenía alas, que se convirtió en la constelación conocida como Aries.

A lo largo de su viaje, Jasón se encontró con muchos peligros en el mar, como las sirenas y su canto mortal. La historia termina con Jasón y los argonautas descubriendo el vellocino, con la ayuda de la hechicera Medea, que se convirtió en la esposa de Jasón.

Odiseo

Odiseo era el rey reinante de Ítaca y contribuyó a que los griegos vencieran a Troya en la guerra de Troya. Una vez finalizada la guerra, emprendió un viaje de diez años para regresar a Ítaca y a su esposa, Penélope. A lo largo de su viaje, su astucia y coraje destacaron al enfrentarse a monstruos como las sirenas, el cíclope Polifemo y Caribdis y Escila.

Cuando por fin llegó a Ítaca, llevaba casi 20 años fuera. Tuvo que empezar por demostrar su verdadera identidad a su esposa Penélope, antes de volver a gobernar su patria. Todas estas aventuras están documentadas en "La Odisea" de Homero.

Perseo

Perseo es conocido como uno de los héroes de la mitología griega, ya que llevó a cabo muchas tareas peligrosas, fue un guerrero con talento y fue capaz de pensar con rapidez. Era hijo de Zeus y Dánae, y es famoso por haber matado al gran monstruo, la gorgona Medusa. Como sabes, mirar a Medusa directamente a los ojos te mataría y te convertiría en piedra; sin embargo, Perseo utilizó su rapidez mental y usó el espejo del escudo que le habían dado para calcular cuándo atacar.

Una vez que hubo decapitado a la Medusa con su espada, llevó la cabeza dentro de su mochila. Al salvar a la princesa Andrómeda de ser devorada por un monstruo del mar, sacó la cabeza de Medusa, convirtiendo al monstruo en piedra.

Prometeo

Como ya hemos dicho, Prometeo era un dios griego de los Titanes. Sin embargo, pudo ver que los Titanes iban a caer ante los Olímpicos, por lo que eligió alinearse junto a Zeus en su lugar.

Sin embargo, las cosas se volvieron agrias entre Prometeo y Zeus cuando le dio fuego a la humanidad. No obstante, Prometeo sigue siendo visto como un héroe en la mitología griega, ya que la razón por la que dio fuego a la humanidad fue que consideraba que el trato de Zeus a los humanos era injusto, y quería ayudarlos.

Eneas

Eneas es uno de los mayores héroes de la mitología romana y griega. Luchó junto a los troyanos en la Guerra de Troya y, a pesar de estar en el bando perdedor, gozaba del favor de los dioses Apolo, Afrodita y Poseidón. Esto significó que fue uno de los pocos hombres que no fueron asesinados por los griegos durante la guerra.

También fue el héroe de la Eneida de Virgilio y fundó la ciudad de Roma. Lo hizo después de ser perdonado en la guerra de Troya. Tras la guerra, huyó de Troya y se dirigió a Italia, donde él y sus descendientes se dedicaron a construir Roma.

Orfeo

Orfeo, hijo de Apolo y Calíope, era conocido por ser un excelente músico. Con la música que salía de sus dedos en la lira, podía domar a los animales salvajes y detener la corriente de un río en seco. Orfeo estaba casado con Eurídice y, cuando ésta murió, se aventuró en el inframundo para encontrarla.

Utilizó su talento con la música para ablandar el corazón de Hades, y este permitió a Orfeo llevarse a Eurídice con él desde el inframundo y de vuelta al mundo de los vivos. Sin embargo, había una condición. No se le permitió volver a mirarla hasta que salieran del inframundo, y debía caminar siempre delante de ella.

Sin embargo, la tentación era demasiado grande y Orfeo, que estaba desesperado por ver el rostro de la mujer que amaba, se volvió. Efectivamente, Eurídice procedió entonces a desvanecerse para siempre.

Teseo

Teseo fue considerado uno de los principales héroes de la mitología griega por sus victorias contra diferentes monstruos malignos, incluido el Minotauro. Como se ha mencionado, este Minotauro vivía en un laberinto, que estaba situado en la isla de Creta. Cada año, los habitantes de Atenas debían entregar al Minotauro catorce de sus habitantes más jóvenes, para que se los comiera vivos como sacrificio.

A Teseo no le gustó esto y, utilizando un rollo de hilo que era mágico y que le dio la princesa Ariadna, fue capaz de encontrar el camino hacia el laberinto para matar a la bestia, y volver a salir después. Más tarde se convirtió en el rey de Atenas y en un guerrero venerado.

Los monstruos de la mitología griega

A continuación, es hora de que veamos los monstruos de la mitología griega. La mitología griega tendría muy pocos héroes si no hubiera monstruos a los que tuvieran que enfrentarse. Aunque algunos de los héroes de la mitología griega son muy conocidos, muchos de los monstruos de la mitología griega no suelen ser tratados con tanto detalle.

En esta sección se examinarán con más detalle diez de los principales monstruos que aparecen en la mitología griega y las historias que los hicieron tan peligrosos.

La Esfinge

El primer monstruo del que hablaremos, popularizado en los cuentos de "La leyenda de Edipo", es la Esfinge. La Esfinge era una criatura que, según muchos, tenía cabeza de mujer humana, cuerpo de león y alas de águila. La Esfinge es conocida por enfrentarse a Edipo en su viaje por la ruta hacia Tebas. Le impidió a Edipo pasar por delante de ella y le planteó un acertijo para que lo resolviera. El enigma no se menciona en los primeros escritos sobre este encuentro, aunque las variantes más recientes y populares de esta historia afirman que la Esfinge ofreció este enigma al joven:

"¿Qué es lo que por la mañana va sobre cuatro pies, por la tarde sobre dos pies y por la noche sobre tres?"

Para sorpresa de la Esfinge, Edipo pudo responder correctamente al acertijo. Es el hombre, ya que de niño se arrastra sobre sus cuatro manos y piernas. Cuando se convierten en adultos, caminan sobre sus dos pies, y cuando se vuelven ancianos y frágiles, caminan con la ayuda de un bastón o un palo largo.

Como Edipo fue capaz de resolver el enigma de la Esfinge, ésta se arrojó desde un altísimo acantilado. En otras versiones del cuento, la Esfinge se come a sí misma, por frustración y rabia ante la astucia de Edipo.

Si Edipo hubiera sido incapaz de dar la respuesta correcta al acertijo, la Esfinge lo habría estrangulado antes de comérselo, como ocurrió con muchos de los viajeros que habían seguido ese camino antes que él.

El cíclope

A continuación, pasamos a los cíclopes, los gigantes primordiales que se hicieron famosos en "La Odisea". Se dice que son descendientes de Gea, la tierra. Eran conocidos por su increíble fuerza y sus altos niveles de agresividad, y por tener un solo ojo, situado en el centro de la frente.

Muchos tenían miedo de lo que los cíclopes eran capaces de hacer, por lo que fueron arrojados a las profundas fosas del Tártaro, junto con Urano, su padre. Los cíclopes fueron encarcelados allí durante toda la Titanomaquia, donde Cronos derrotó a Urano y se convirtió en el nuevo líder del universo. Una vez que los olímpicos llegaron al poder, Zeus decidió liberar a los cíclopes de su fosa. Como agradecimiento a Zeus, los cíclopes procedieron a fabricar rayos para él.

Posiblemente, la historia más conocida que involucra a un cíclope se encuentra en el libro 9 de la Odisea, que sigue a Odiseo y sus lamentables viajes. En el libro 9, Odiseo y su grupo terminan en una situación en la que están atrapados en una cueva y son atrapados por Polifemo, uno de los cíclopes más temidos.

Cada día que pasaba, se comía a uno de los cautivos en su cueva mientras bloqueaba su huida en el proceso. Sin embargo, Odiseo era considerado extremadamente inteligente, y puso esa inteligencia a buen uso para volver a ser libre.

Los viajeros llevaron vino en su viaje, y Odiseo se lo ofreció a Polifemo. Rápidamente Polifemo se emborrachó y empezó a sentirse alegre, preguntando a Odiseo cómo se llamaba. En lugar de darle al cíclope su verdadero nombre, Odiseo le respondió con un "nadie".

Una vez que Polifemo se quedó dormido por lo borracho que estaba, Odiseo y el resto de su tripulación apuñalaron al cíclope en el ojo, dejándolo ciego. Enfadado, Polifemo gritó a los muchos otros cíclopes de la zona, exclamando que "nadie" le había dejado ciego.

La tripulación y Odiseo pudieron liberarse de la cueva de la bestia atándose a la parte inferior de las numerosas ovejas que los rodeaban. Como ahora estaba completamente ciego, Polifemo acarició el lomo de cada una de las ovejas que salían de la cueva mientras iban a pastar. Sin embargo, no pudo ver que sus rehenes estaban atados a sus bajos y se escapaban.

La quimera

Famosa en la leyenda de Belerofonte, la Quimera era conocida como un monstruo extremadamente agresivo, con cuerpo de león, cabeza de león en la parte delantera y cabeza de cabra en la trasera, con una serpiente donde debería estar la cola. La Quimera era especialmente letal porque también podía respirar fuego.

Hay una breve descripción de la Quimera en un pasaje de la Ilíada, que es la primera mención registrada de esta criatura. También se dice que la Quimera era una hembra, ya que se sabe que dio a luz a la Esfinge, de la que ya hemos hablado, y al león de Nemea. La Quimera era muy temida por todos los que habían oído hablar de ella y se sabía que era un presagio de naufragios y desastres naturales, como tormentas y tsunamis.

Pero la historia más conocida de la Quimera es la leyenda de Belerofonte. Nacido como héroe en Corinto, Belerofonte recibió la orden del rey de Licia, Lobatos, de matar a la criatura, para compensar algunos de los pecados que había cometido en el pasado.

Belerofonte sabía que no sería capaz de lograr esta hazaña sin ayuda, así que optó por dormir y rezar en el templo de Atenea.

Cuando despertó, fue recibido por la propia diosa Atenea, ofreciéndole los servicios de Pegaso, un caballo mítico con la capacidad de volar.

Una vez ensillado Pegaso, Belerofonte se dirigió a Licia, directamente a la guarida de Quimera. Sabía que Quimera era un oponente formidable que sería extremadamente difícil de vencer, así que Belerofonte se dedicó a urdir un plan.

Decidió que la mejor manera de derrotar a esta bestia sería atar un gran trozo de plomo a la punta de su lanza. Sentado en el lomo de Pegaso, salió volando hacia Quimera. Cuando la criatura empezó a abrir la boca, dispuesta a quemar a Belerofonte con su aliento de fuego, lanzó la lanza de plomo hacia la garganta de Quimera. Cuando el fuego reaccionó con el plomo de la boca de Quimera, éste se derritió, y finalmente esto hizo que el monstruo muriera asfixiado.

La Empusa

La Empusa es uno de los monstruos menos conocidos de esta lista, con muy poco escrito sobre ella en las leyendas populares o en las epopeyas tradicionales. Dicho esto, su aspecto es aterrador, así como su apetito por la carne y la sangre humanas, lo que la convierte en uno de los monstruos más temibles de toda la mitología griega.

Cuando se representa a Empusa en alguna historia, a menudo se la muestra como una mujer hermosa, que rápidamente se transforma en un monstruo con colmillos afilados, pelo de fuego e incluso alas de murciélago. Se dice que Empusa era una semidiosa que actuaba bajo la voluntad de la diosa Hécate.

La Empusa era capaz de atraer a los jóvenes viajeros varones si viajaban solos. Cuando se quedaban profundamente dormidos, el monstruo se transformaba en su otra forma, antes de darse un festín con su piel y beber su sangre. Aparece en la obra de Aristófanes "Las ranas", en la que asusta al dios griego Dionisio en su descenso al inframundo.

La Hidra

La Hidra, popularizada en "La leyenda de Heracles", es el siguiente monstruo de nuestra lista. Una criatura con forma similar a la de una serpiente, con rasgos de reptil, la Hidra era una criatura acuática con un veneno tan mortífero que un solo aliento de la Hidra mataría a cualquier hombre o mujer a su alcance.

Además de su veneno mortal, la Hidra también tenía increíbles poderes de regeneración, siendo capaz de regenerar cualquier miembro que quedara decapitado con notable rapidez. Estaba escrito que cada vez que se le cortaba la cabeza aparecían dos más, lo que la hacía extremadamente difícil de matar. La guarida de la Hidra estaba encerrada en una antigua zona del Peloponeso, conocida como el lago de Lerna. En este lugar, había una cueva submarina en la que se escondía la Hidra, que era conocida por ser el camino hacia el inframundo.

La Hidra es conocida como el segundo monstruo con el que se encuentra Heracles a lo largo de sus doce trabajos. Para asegurarse de que el veneno no le mate, Heracles opta por cubrirse la nariz y la boca antes de intentar matar a la bestia. Heracles comienza atacando a la Hidra con una espada, pero rápidamente se da cuenta de que por cada cabeza que corta, otras dos crecen en su lugar. La batalla parecía infructuosa.

Pero en lugar de rendirse, Heracles tuvo la idea que le ayudaría a derrotar a la Hidra. Una vez que logró cortar una de las cabezas, utilizó rápidamente una antorcha para cauterizar la herida. Esta táctica hizo que la Hidra no pudiera reproducir más cabezas a partir de ese muñón, y con el tiempo, Heracles pudo cortar todas las diferentes cabezas de la Hidra. Esto derrotó a la Hidra y le ayudó a lograr su segunda tarea.

Caribdis y Escila

Otra pareja de monstruos que se hizo famosa en "La Odisea", Caribdis y Escila, son dos criaturas que vivían a ambos lados de un estrecho. Con el paso del tiempo se han convertido en un sinónimo del otro, hasta el punto de que sería difícil hablar de uno sin el otro.

Aunque nunca se ha señalado específicamente, se hablaba de Caribdis como una aterradora criatura marina que vivía bajo una roca situada a un lado del estrecho. Se sabía que engullía a menudo grandes volúmenes de agua, lo que creaba tremendos remolinos capaces de destruir incluso los barcos más grandes.

Al otro lado del estrecho vive Escila, que se cree que tenía muchas cabezas diferentes y vivía de la piel de los marineros que se acercaban accidentalmente a la guarida de la criatura marina. Este estrecho da lugar al término "entre Caribdis y Escila", que significa estar atrapado entre dos decisiones traicioneras sin tener una solución clara.

Las historias de Escila y Caribdis están escritas en "La Odisea". A Odiseo le tocó atravesar el estrecho como parte de sus aventuras y eligió viajar más cerca de Escila, en un intento de evitar el gran remolino creado por Caribdis. Al pasar su barco por Escila, seis de sus hombres son engullidos por el mar creado y luego devorados.

Este ataque también arruinó su barco y dejó a Odiseo atrapado en una pequeña balsa, intentando de nuevo el estrecho. En su intento, navega hacia el otro lado del estrecho, donde acecha Caribdis. Su balsa queda atrapada en el gran remolino, pero consigue agarrarse a una higuera con ramas que cuelgan de la orilla, antes de poder rescatar su balsa y navegar rápidamente fuera de peligro.

Cerbero

Cerbero es uno de los monstruos más conocidos de esta lista y también aparece en "La leyenda de Heracles". Es el perro guardián leal y de confianza de Hades, un sabueso gigantesco con tres cabezas diferentes. Se le encomendó la vigilancia de la entrada al inframundo. Se creía que a Cerbero solo le gustaba la carne de los vivos, por lo que era un buen guardián de la puerta del inframundo, ya que solo dejaba pasar a los espíritus difuntos, y devoraba a cualquier ser vivo que fuera lo suficientemente imprudente como para acercarse a él.

Las tres cabezas pretendían simbolizar las diferentes formas del tiempo: pasado, presente y futuro. Representan las tres etapas del envejecimiento: la juventud, la edad adulta y la vejez en otras representaciones.

Cerbero era una criatura muy conocida de la mitología, pero probablemente sea más conocido por ser el duodécimo y último trabajo que se le encargó a Heracles. Se le encargó que presentara al rey micénico Euristeo a Cerbero, trayéndolo desde el inframundo, y solo se le permitió luchar con él sin armas. Euristeo era la persona que había instruido inicialmente a

Heracles para que realizara estos trabajos para compensar los pecados que había cometido en el pasado.

Heracles fue capaz de placar al perro guardián antes de utilizar su fuerza bruta para lanzar a la bestia sobre su espalda y sacarla del inframundo. Al ver a Cerbero sobre la espalda de Heracles, el rey Euristeo quedó tan petrificado que se encogió detrás de un gran jarrón y le rogó a Heracles que lo llevara de vuelta al inframundo de donde había salido.

El Minotauro

Un monstruo que ya hemos mencionado en este libro, el Minotauro, era una combinación de cabeza de toro y cuerpo de hombre. Es más conocido por comer a cualquiera que se aventurara en su complejo laberinto al que llamaba hogar. Este laberinto era conocido por ser imposible de salir y fue creado por Dédalo, un inventor muy hábil. El laberinto se encontraba debajo del palacio de Cnosos, donde residía Minos, el rey de Creta.

La historia del Minotauro comienza cuando el rey Minos pierde a su hijo, Androgeo, que fue asesinado en Atenas. Hay muchas variaciones diferentes de esta historia. Pero una variante en particular explica que fue asesinado porque la gente local estaba celosa y envidiosa de las victorias que obtuvo en los Juegos Panatenaicos locales, celebrados en Atenas. A causa de su muerte, el rey Minos inició una guerra con Atenas, que llegó a ganar. Como castigo por el asesinato de su hijo, obligó a los atenienses a proporcionarle siete jóvenes doncellas y siete jóvenes, enviándolos a Creta, donde fueron enviados al laberinto y cazados uno a uno por el Minotauro.

Un héroe de Atenas, Teseo, se ofreció como voluntario para ser sacrificado a la criatura. Una vez que llegó, fue apoyado por Ariadna, que era la hija del rey. Antes de que Teseo fuera encerrado en el laberinto, Ariadna lo sacó de su celda y le mostró el punto de partida del gigantesco laberinto. Teseo se abrió paso por el laberinto y encontró al Minotauro dormido en el centro del laberinto.

Aprovechó la sorpresa y atacó al Minotauro, matando al monstruo rápida y fácilmente. Luego logró escapar junto con los otros atenienses atrapados y la princesa Ariadna, y volver a Atenas.

Medusa

Posiblemente el monstruo más conocido y popular de la mitología griega sea Medusa. Medusa, un monstruo que tenía el potencial de transformar a una persona en piedra si cometía el error de mirarla, es conocida por casi todos los que saben algo de mitología griega.

Hay un par de relatos diferentes sobre el origen de Medusa. En una de ellas, se dice que Medusa nació de Ceto, una deidad marina arcaica. En este relato, Medusa nació con un rostro repugnante y una cola de serpiente en lugar de sus piernas. Sin embargo, en las Metamorfosis de Ovidio, se describe a Medusa como una joven y despampanante doncella que se transformó en un monstruo repugnante tras ser agredida sexualmente por el dios del mar Poseidón, en el templo de Atenea. A lo largo de los diferentes relatos, una cosa es siempre la misma: su pelo estaba formado por serpientes venenosas, agresivas y peligrosas.

En la mitología, Medusa es asesinada por Perseo, a quien su padrastro le pide que recoja la cabeza de Medusa. Como ya hemos comentado, Perseo lo consiguió utilizando un escudo que contenía un espejo, que le fue regalado por Atenea. Utilizando el reflejo, Perseo juzgó cuándo atacar y decapitar al monstruo sin mirarla directamente. Perseo siguió utilizando el poder de la cabeza de Medusa como arma cuando se encontraba con enemigos en su camino, antes de entregar la cabeza a Atenea.

Tifón

Conocido como el "padre de todos los monstruos", el último, pero no por ello menos importante, es el monstruo Tifón. Fue traído a la vida desde Gea, la tierra, y el Tártaro, las partes más profundas del infierno. Se cree que Tifón fue el monstruo más duro y aterrador que jamás haya vagado por la tierra.

Tifón era gigantesco; se dice que cuando estaba completamente erguido, su cabeza estaba a la altura de las estrellas en el cielo.

La parte inferior de su cuerpo estaba formada por dos colas de víbora, y en lugar de tener dedos como tú o yo, poseía cabezas de dragón en su lugar en cada mano. También estaba escrito que tenía unas alas tan grandes que bloqueaban completamente la luz del sol cuando las levantaba para emprender el vuelo. Tanto era el poder y la fuerza de Tifón que incluso los grandes dioses del Olimpo le temían.

Por tanto, solo había un oponente que tuviera alguna posibilidad de derrotarlo, y ese era Zeus, el rey de los olímpicos. Mientras sus compañeros olímpicos huían asustados de Tifón, Zeus se mantuvo firme frente a esta feroz criatura. Se enfrentaron en una gran batalla, que fue tan feroz que provocó varios tsunamis, terremotos y otros desastres naturales. La batalla entre Zeus y Tifón fue tan grande que la propia Tierra estuvo a punto de dividirse en dos partes separadas.

Al final, Zeus venció al poderoso Tifón, lanzando cien rayos con precisión en una parte vulnerable del cráneo de la criatura. Como resultado, Tifón fue enviado a las profundidades del Tártaro, donde sería encerrado por el resto de los tiempos. A pesar de estas intenciones, el monstruo no pudo ser retenido en paz. Mientras estaba atrapado en las profundidades del inframundo, en ocasiones se enfurecía enormemente. Esta furia provocaba erupciones volcánicas y otros desastres naturales en la superficie de la tierra.

Capítulo 4: Historias famosas de la mitología griega

Lucha de Titanes

Si leyeras la Teogonía de Hesíodo, comprobarías que al principio, lo único que existía era el Caos. Una vasta oscuridad cubría todo y cualquier cosa, hasta que un día, la Tierra creció del Caos junto con las montañas, el cielo, el mar, las estrellas y la luna. El cielo y la Tierra se combinaron entonces y trajeron consigo a los Titanes. El cielo, también conocido como Urano, tenía miedo de que uno de estos Titanes intentara arrebatarle el trono. Para evitarlo, decidió encerrar a cada uno de ellos en lo más profundo de la Tierra.

Sin embargo, uno de los Titanes, Cronos, logró liberarse y derrotarlo, convirtiéndose en el nuevo líder del mundo. A continuación, liberó a sus hermanos y hermanas titanes antes de casarse con Rea, y juntos tener tres diosas y dos dioses como hijos. Entre ellas, Poseidón, Hestia, Hera, Hades y Deméter.

Sin embargo, Cronos tenía los mismos temores que su padre, y estaba seguro de que uno de sus hijos intentaría destronarlo. Con eso en mente, decidió tragárselos enteros. Lo que no sabía era que Rea estaba anticipando otro hijo. Temiendo que este hijo corriera la misma suerte, se escondió y lo dio a luz en una montaña, ocultando al niño allí y llamándolo Zeus.

Envolvió una piedra y se la dio a Cronos, que se la comió creyendo que era el recién nacido. Las Ninfas de la montaña cuidaron de Zeus, y cuando se hizo mayor, Zeus buscó a su padre y lo engañó para que bebiera mostaza y vino, lo que le hizo vomitar todo lo que tenía en el estómago. Todos los niños salieron completamente crecidos, y esto marcó el comienzo de la gran Titanomaquia. Antes de que Zeus y sus compañeros dioses ganaran finalmente, esta batalla entre dioses y titanes duró diez años. Vencieron a los Titanes y los arrojaron al Tártaro, que es el lugar más alejado de la Tierra.

Los dioses procedieron entonces a luchar contra los gigantes para asegurarse de que gobernaban la Tierra. Esto se conoce como la Gigantomaquia, que fue otra guerra librada durante muchos años, pero como antes, Zeus y sus hermanos salieron victoriosos.

Las tres hermanas del destino

Las diosas Clotho, Atropos y Lachesis son conocidas como las Moiras y, en la mitología griega, son las diosas del destino.

Estas tres hermanas tenían el poder de decidir el destino de los humanos y también el de los dioses. Ni los dioses ni los humanos eran lo suficientemente poderosos como para influir o cambiar los juicios o decisiones de estas tres diosas. Clotho era la más joven de las tres y se encargaba de hilar el hilo de la vida. Era la creadora de la vida y su hilo se hilaba una vez que alguien había nacido.

Lachesis, la hermana del medio, se encargaba de tejer el hilo que proporcionaba el destino de las personas a lo largo de su vida. Su nombre proviene del significado de "obtener suertes" en griego, lo cual tiene sentido porque su función consistía en elegir los destinos de los humanos y los dioses entre un abanico de diferentes posibilidades. Está escrito que Láquesis medía el hilo de la vida con su propia vara, que determinaba la naturaleza y la duración de la vida de ese ser.

Por último, la hermana mayor del destino era Atropos. Atropos se encargaba de cortar el hilo de la vida, que es cuando alguien acaba falleciendo.

Prometeo y el robo del fuego

Una historia popular de la mitología griega que ya se ha tratado en este libro es la de Prometeo y el robo del fuego.

Zeus era el encargado de ofrecer a cada uno de los dioses un regalo. No obstante, a Zeus no le gustaban los humanos, por lo que optó por no darles nada. Sin embargo, a Prometeo sí le gustaban los humanos y se sentía mal por ellos, ya que sufrían sin la ayuda de los dioses. Así que, una noche, trepó por la ladera del Olimpo y pellizcó el fuego que había en el taller de Hefesto. Colocó el fuego en una caña hueca y lo envió a los humanos. Este regalo del fuego permitió a los humanos ser más cálidos y utilizar el calor para fabricar mejores herramientas para vivir una vida mejor.

Cuando Zeus se enteró de esto, se enfureció y decidió arrastrar a Prometeo a la cima del Cáucaso, una de las montañas más altas. Allí lo encadenó contra el borde del acantilado con unas cadenas resistentes e indestructibles que Hefesto había fabricado para él.

Cada día, Zeus enviaba un águila a la montaña, que devoraba el hígado de Prometeo, antes de que volviera a crecer para el día siguiente. Así fue durante treinta años, todos los días, hasta que Heracles, el semidiós hijo de Zeus, lo liberó de la montaña y de su continua tortura.

La caja de Pandora

Uno de los cuentos más populares de la mitología griega es el de la caja de Pandora. Como ya sabes, Zeus colgó a Prometeo a un acantilado después de que proporcionara a los humanos el fuego, pero eso no es todo lo que hizo.

También pidió a Hefesto que creara la primera mujer humana de la historia, a partir de agua y tierra. Cada olímpico fue ordenado para proporcionarle un regalo de algún tipo. Atenea le proporcionó sabiduría; la belleza vino de Afrodita, Hermes le ofreció astucia, y así sucesivamente. Esta mujer recibió el nombre de Pandora, que significa "todos los dones" en griego.

Zeus también le dio a Pandora una caja, pero le dijo que nunca podría abrirla, independientemente de las circunstancias, y la envió a la Tierra con el hermano de Prometeo, Epimeteo. Prometeo ya le había dicho a su hermano que no debía aceptar los regalos que le ofrecía Zeus. Pero Epimeteo aceptó a Pandora. A pesar de sus mejores intenciones, Pandora no pudo resistirse a abrir la caja, y al hacerlo, dejó salir todo el mal al mundo, incluyendo la guerra, la muerte, el hambre, el odio y la enfermedad.

El rapto de Perséfone por Hades

Hija de Deméter y Zeus, Perséfone era una hermosa niña que se hizo más bella a medida que crecía. La primera vez que Hades la vio, se enamoró de ella y decidió secuestrarla. Para ello, esperó a que ella estuviera en un campo recogiendo flores con algunas de sus mejores amigas, las Ninfas del Océano. Perséfone tenía un carácter particularmente despreocupado, lo que la llevó a alejarse de sus amigas, en busca de la flor más grande y hermosa que pudiera encontrar. Pero cuando la alcanzó, la Tierra se derrumbó a su alrededor, y Hades emergió, montado en su carro de oro, la agarró y se la llevó al inframundo.

Deméter buscó noche y día para intentar encontrar a su hija, pero fue en vano. Al cabo de un tiempo, el Sol se compadeció de ella y decidió informarle de lo ocurrido. Deméter acudió inmediatamente a Zeus y le pidió que se la devolviera, o que no permitiera que volvieran a crecer las cosechas y las flores de la tierra.

Zeus decidió enviar a Hermes, el mensajero de los dioses, al Inframundo y pedirle a Hades que dejara ir a Perséfone. Pero antes de dejarla ir con Hermes, Hades engañó a Perséfone para que probara unos granos de granada, sabiendo que cualquiera que comiera alimentos en el Inframundo nunca podría abandonar el mundo de los muertos. Perséfone fue entonces llevada de vuelta con su madre, pero Deméter se enfadó mucho cuando le hablaron de los granos de granada. Fue Zeus quien entonces sugirió que se reunieran en el medio. Por cada semilla que comiera Perséfone, tendría que vivir en el inframundo con Hades durante un mes.

A partir de entonces, Perséfone pasó seis meses de cada año en el Inframundo, y seis meses en la Tierra, con la Tierra, floreciendo a su regreso, y las cosechas marchitándose y muriendo cuando tenía que marcharse.

La asignación del nombre a Atenas

Originalmente, el primer rey de Ática, Cecrops, decidió nombrar la ciudad con su nombre, llamándola Cecropia. Pero, por desgracia para él, los dioses del Olimpo se dieron cuenta de la belleza de esta zona y decidieron que querían llamarla como uno de los suyos y convertirla en patrona. Los favoritos para que la tierra llevara su nombre eran el dios del mar, Poseidón, y la diosa de la sabiduría, Atenea. Para elegir al ganador, Zeus declaró que ambos dioses debían ofrecer un regalo a los habitantes de Cecropia, y que entonces serían ellos quienes determinaran qué regalo preferían, y como resultado, a quién daría nombre la ciudad.

En un día especialmente soleado, los habitantes de Cecropia subieron a un alto montículo para ver los regalos que los dioses iban a presentar. Poseidón fue el primero y ofreció al pueblo un manantial de agua de la Tierra rompiendo una roca con su tridente. Poseidón mostró así al pueblo que podía proporcionarle agua y que nunca sufriría sequías. Pero como es el dios del mar, el agua era salada, por lo que la gente quedó menos impresionada de lo que podría haber estado.

Luego fue el turno de Atenea. Decidió golpear la tierra con su lanza y hacer brotar de ella un gran y hermoso olivo. El pueblo prefirió este regalo porque le ofrecía aceite, leña y, sobre todo, comida. Eligieron a Atenea como su patrona y llamaron a la ciudad "Atenas", en su honor.

Teseo y el Minotauro

Se trata de otra famosa historia relacionada con el Minotauro, que ya hemos tratado brevemente en capítulos anteriores. Se cuenta que Androgeo, el hijo de Minos, fue asesinado con engaños cuando estaba en Atenas. En un acto de venganza contra los atenienses, Minos decidió ordenarles que le trajeran una docena de sus jóvenes cada siete años, que luego serían devorados por el Minotauro. Esta criatura era mitad toro y mitad monstruo y era realmente aterradora.

Los atenienses fueron arrojados a un complejo laberinto, para vagar sin rumbo, hasta que finalmente el Minotauro los persiguiera y los matara. Teseo, el príncipe de Atenas, no estaba contento con este acuerdo y se ofreció como voluntario para estar entre los hombres ofrecidos a Minos. Cuando llegó a Creta, le presentaron a Ariadna, la hija del rey, y acabó enamorándose perdidamente.

Ariadna le ofreció a Teseo un hilo para que lo atara al punto de partida y lo remontara para salir del laberinto una vez que hubiera matado al Minotauro. Teseo consiguió matar al Minotauro, antes de volver a salir del laberinto, siguiendo el hilo como estaba previsto.

Él y Ariadna partieron rápidamente de Creta en barco y se dirigieron a Atenas. En el camino, se detuvieron en la isla de Naxos para seguir celebrando su amor. En esta isla, Teseo tuvo un sueño con Dionisio, que le decía que Ariadna era su futura esposa y que debía partir sin ella. Ariadna se quedó, y Teseo volvió a su casa en Atenas.

Dédalo e Ícaro

Se dice que el laberinto que contenía al poderoso Minotauro fue creado por el mundialmente conocido ingeniero e inventor Dédalo. En las profundidades del palacio del rey Minos, el rey encargó a Dédalo y a su heredero, Ícaro, la construcción del complejo laberinto que contenía al Minotauro. Se cree que Dédalo aprendió tales habilidades de la diosa griega, Atenea.

Sin embargo, una vez que terminaron su trabajo, en lugar de pagarles por su creación, el rey los mantuvo cautivos en el centro del laberinto. Lo hizo para asegurarse de que nadie descubriera nunca cómo completar el laberinto, con la creencia de que si los creadores estaban muertos, nadie aprendería nunca cómo salir.

Después de rascarse la cabeza, preguntándose cómo iban a escapar, Dédalo ideó un ingenioso plan para salir de allí con su hijo. Recogieron un montón de plumas de varias aves, antes de pegarlas a su piel con una cera, creando como resultado cuatro alas gigantescas. Utilizaron estas alas para salir volando del laberinto y alejarse de Creta.

Había advertido a su hijo que no volara demasiado cerca del Sol, ya que la cera se derretiría por el calor, y las alas se caerían. Sin embargo, cuando ambos pasaron por la isla de Delos, Ícaro lo olvidó y se acercó demasiado al Sol. Como era de esperar, el Sol derritió la cera e Ícaro cayó en picado hacia la Tierra, ahogándose en el mar. En memoria de su hijo, Dédalo llamó al lugar donde cayó "Icaria".

El mito del rey Egeo

Se cree que antes de que Teseo fuera al palacio del rey Minos para matar al Minotauro, su padre Egeo, el rey de Atenas, le pidió que cambiara las velas de su barco de negras a blancas cuando volviera a casa, como señal de que seguía vivo y había tenido éxito.

Egeo esperó entonces con paciencia en Sounio, con la esperanza de ver regresar el barco de su hijo con una vela blanca. Teseo pudo matar al Minotauro y salir con vida del laberinto; no obstante, se olvidó por completo de cambiar sus velas de negras a blancas.

Al ver el barco con las velas negras, Egeo se angustió tanto al pensar que su hijo había muerto, que se lanzó al mar desde la ladera del acantilado. El mar recibió entonces el nombre de Egeo en su memoria, y Teseo pasó a ser el rey de Atenas.

Perseo y la Gorgona Medusa

Otro cuento muy famoso que ya hemos tocado en este libro es la decapitación de la peligrosa y asesina Gorgona Medusa, mediante la espada de Perseo. Hijo de Zeus y Dánae, Perseo era un semidiós que se propuso matar a Medusa.

Como ya hemos mencionado, el cabello de Medusa estaba formado por serpientes venenosas, y cualquiera que la mirara directamente a los ojos se convertía instantáneamente en piedra. Utilizando las herramientas que le dieron los dioses, Perseo pudo matar y decapitar a la bestia y completar su búsqueda.

El fatídico amor de Orfeo y Eurídice

Según la mitología griega, Orfeo era considerado el mejor intérprete de lira del planeta. Era tan bueno que se dice que incluso era capaz de encantar a los ríos y a las rocas con sus melodías. Cuando Orfeo se encaprichó de Eurídice, optó por cortejarla con una de sus canciones. Por desgracia, su matrimonio duró poco porque Eurídice fue atacada por una víbora, lo que finalmente la llevó a la muerte.

Tan devastado estaba Orfeo que decidió viajar al Inframundo para intentar persuadir a Hades de que le permitiera traer de vuelta a su esposa. Orfeo logró pasar a Cerbero, el perro guardián, a las puertas del Inframundo, adormeciéndolo con su música. Entonces procedió a tocar para Hades y su esposa, en cuyo momento le concedieron permiso para que Eurídice volviera a la Tierra, siempre y cuando se ciñera a una regla: ella caminaría detrás de Orfeo todo el camino de vuelta, y él no podía mirar atrás en ningún momento.

A medida que se acercaban más y más al mundo, Orfeo se volvió escéptico sobre la condición de Hades y comenzó a preguntarse si no sería un truco y si los dioses le estaban tomando el pelo, y su esposa no le estaba siguiendo en realidad.

Como no podía oír sus pasos ni hablar con ella, Orfeo se impacientó y optó por darse la vuelta y mirar detrás de él, a un par de metros de la puerta de la Tierra. Para su sorpresa, Eurídice estaba allí detrás de él; sin embargo, debido a que había mirado hacia atrás, su cuerpo se transformó de nuevo en la oscuridad del Inframundo y regresó al Hades para siempre.

El héroe trágico Edipo

La historia cuenta que Layo, el rey de Tebas, había recibido un oráculo de Delfos que afirmaba que su hijo lo asesinaría antes de casarse con su esposa, Jacosta. Así que, cuando Jacosta dio a luz a su hijo, Layo decidió atar los tobillos de su hijo y exigió que uno de sus sirvientes se llevara al bebé a las montañas y lo dejara allí para que muriera.

A pesar de esta exigencia, el sirviente se compadeció del pequeño bebé y lo entregó a un pastor, quien, a su vez, llevó al niño al rey de Corinto y a su pareja, que no habían podido dar a luz a ningún hijo propio. Posteriormente, el niño recibió el nombre de Edipo, que es la frase griega utilizada para "pies hinchados".

Cuando Edipo llegó a la edad adulta, se aventuró a ir a Delfos, donde se encontraba el oráculo que le había dicho que se casaría con su madre y asesinaría a su padre. Se encontró con el oráculo, y quedó tan sorprendido por las palabras de éste, que Edipo decidió no volver a Corinto para asegurarse de no cruzarse con su padre ni con su madre. En su camino a Tebas, se encontró con un hombre y lo mató. Sin darse cuenta, el rival de Edipo era Layo, su padre, completando así el primer aspecto de la profecía.

Al llegar a Tebas, escuchó la historia de la Esfinge y de cómo ésta se comía a todo aquel que no pudiera responder al acertijo que se le planteaba. También se decía que quien pudiera resolverlo y matar a la bestia obtendría el trono de Tebas al casarse con Yocasta. Mató a la Esfinge y se casó con su madre, y juntos tuvieron cuatro hijos. Edipo no pensó en ello hasta que una epidemia asoló Tebas. Pidiendo consejo al Oráculo de Delfos, éste le explicó que, para contrarrestar la epidemia, habría que castigar al asesino de Layo por su muerte. Investigando quién podría ser, Edipo se dio cuenta de la desgarradora verdad.

Jocasta estaba tan angustiada por esta noticia que se ahorcó, y Edipo cogió dos alfileres afilados de su ropa y se clavó los ojos, cegándose.

Los 12 trabajos de Heracles

Otro cuento popular que ya hemos tocado, Hércules, o "Heracles", es uno de los héroes más populares y famosos de toda la mitología griega. Se le conoce sobre todo por los doce trabajos que realizó. Heracles era hijo de Alcmena y Zeus, por lo que era un semidiós. Hera, que era la esposa de Zeus, persiguió a Heracles e intentó matarlo, como hacía con todos los hijos de los asuntos de Zeus. Le lanzó un hechizo que lo volvió temporalmente loco. En esta locura temporal, Hércules asesinó a toda su familia antes de entrar en razón.

Una vez que se dio cuenta de lo que había hecho, se dirigió a Delfos para hablar con Apolo y preguntarle si había una forma de expiar sus pecados.

El oráculo de Apolo, Pitia, le ordenó que viajara a Tirinto y trabajara para su primo, el rey Euristeo, durante doce años. Euristeo odiaba a Hércules, así que lo envió a completar doce trabajos que parecían imposibles.

Estos doce trabajos se exponen en el capítulo 2, pero no hace falta decir que fue capaz de lograr todos y cada uno de ellos y liberarse de tener que servir a su primo, ya que había expiado con éxito el asesinato de su familia.

El mito de Apolo y Dafne

Hija de un dios del río, Dafne era una ninfa náyade, famosa por ser una hermosa criatura que un día llamó la atención del olímpico Apolo. A pesar de ello, Dafne había decidido que nunca se casaría ni sería tocada por ningún hombre en su vida. Se cree que Apolo se burló de Eros, el dios del amor. En venganza, Eros disparó una flecha de oro que obligó a Apolo a enamorarse de Dafne, y a su vez golpeó a Dafne con una flecha de plomo, lo que la hizo despreciar a Apolo.

Ahora, bajo el control de la flecha, Apolo no podía dejar de perseguir a Dafne, pero ella seguía rechazándolo en todo momento. Apolo llegó a afirmarle que la amaría por el resto de los tiempos. Dafne buscó la ayuda de Peneo, el dios del río, y le pidió que la ayudara a liberarse de las garras de Apolo.

Para ayudarla, Peneo la transformó en un árbol de laurel. Apolo utilizó sus poderes como dios para hacer que las hojas del laurel fueran siempre verdes. También hizo que el árbol fuera sagrado y siempre optó por llevar una parte del árbol en su persona.

La historia de amor unilateral de Pan y Syrinx

Como dios de la fertilidad y patrón de los cazadores y pastores, Pan vigilaba todos los trabajos rurales, era el líder de los sátiros y jefe de todas las divinidades rurales. También se cree que sus padres eran el dios griego Hermes y una ninfa del bosque, por lo que nació con cuernos que le salían de la cabeza, barba de cabra, orejas puntiagudas, pies y cola de cabra y nariz torcida.

Debido a su aspecto, su madre huyó indignada en cuanto lo vio. A pesar de ello, Hermes decidió cuidar de su hijo cubriéndolo con la piel de una liebre y llevándolo en brazos hasta el Olimpo.

La forma única y la actitud alegre y despreocupada de Pan causaron gran humor y adoración entre los inmortales, y rápidamente se convirtió en uno de sus favoritos, sobre todo con Dionisio. En griego, "pan" se traduce como "todo". Los dioses le llamaban así por el placer y la felicidad que todos recibían de él.

Pan tenía una continua obsesión con las ninfas; estaba muy encaprichado con ellas, y solía bailar y tocar música para ellas también. Algunas de las ninfas lo amaban por esto, pero otras le tenían un fuerte odio y preferían huir de sus gestos. Syrinx era una ninfa en particular en la que Pan había puesto sus ojos. Ella era el espíritu del árbol de la caña, y él estaba desesperado por tenerla, a cualquier precio. La persiguió y la persiguió, tratando de conquistarla.

Para alejarse de él, Syrinx se escondió en el río transformándose en un carrizo, pero eso no impidió los avances de Pan por mucho tiempo. Se acercó al río y empezó a arrancar todas las cañas hasta que la localizó. Entonces la sacó del río y comenzó a soplar la caña para intentar liberar el espíritu de Syrinx de su interior. Notó mientras soplaba que los sonidos que producía eran hermosos, así que decidió envolver varias cañas para crear una gran flauta con la que hacer música.

La diosa Atenea y Aracne

La base de la mitología griega se fundamenta en que los humanos siguen las órdenes de los dioses todopoderosos. Pero no siempre fue así. Está escrito que había una dama llamada Aracne, que en griego significa "araña", y se decía que era muy hermosa. Tenía un gran talento en el arte del telar, y era capaz de tejer de una manera hermosa. Incluso llegó a afirmar que era mejor tejiendo que la propia diosa Atenea, que era la patrona del arte de tejer.

Su confianza creció tanto que incluso se ofreció a desafiar a Atenea a un concurso de tejido. Atenea eligió tejer una representación de su batalla con Poseidón, que se libró por el nombre de Atenea.

Sin embargo, Aracne eligió tejer sobre las aventuras de Zeus y otros dioses olímpicos con varias mujeres. Atenea quedó tan sorprendida por la audacia de Aracne que la transformó en una araña y la obligó a colgar de una telaraña durante el resto de sus años.

El mito de Narciso y Eco

Eco tenía una maldición impuesta por Hera, que la incapacitaba para hablar correctamente, y hacía que siempre repitiera las últimas palabras que se le decían. Un día, la ninfa del bosque, Eco, caminaba por las montañas, cuando se encontró con un hermoso hombre al que nadie podía resistirse, conocido como Narciso.

Casi instantáneamente, Eco se enamoró de Narciso; sin embargo, no podía hablar con él debido a la maldición que le había sido impuesta. Por ello, optó por acecharlo en las sombras, manteniéndose oculta y esperando el momento adecuado para anunciarse. Un día, Narciso se dio cuenta de su presencia. Tras una incómoda conversación de ida y vuelta, Narciso la invitó a salir de las sombras para hacer el amor.

Sin embargo, una vez que Eco salió de las sombras, proclamó que preferiría morir antes que acostarse con una ninfa del bosque.

Con el corazón roto, Eco buscó refugio en una cueva y dejó de comer y beber. Adelgazó enormemente debido a la falta de alimento, y pronto su cuerpo desapareció por completo, y lo único que quedó fue su voz. La diosa de la venganza, Némesis, se apiadó de ella y decidió castigar a Narciso por sus acciones hacia

Eco. Hizo un hechizo a Narciso, que le hizo enamorarse perdidamente de su reflejo, que vio en un estanque no muy lejos de la cueva de Eco.

Estaba tan enamorado de su reflejo, que Narciso fue incapaz de moverse y terminó muriendo de hambre.

El mito de Hermafrodito

Hijo de Afrodita y Hermes, Hermafrodito fue criado en las cuevas del Monte Frigia por ninfas. Tenía el rostro de su madre y de su padre, desprendiendo belleza y gracia. A los quince años, optó por abandonar la montaña, en la que había crecido, y decidió dirigirse a Asia Menor, con la esperanza de conocer nuevas gentes. Por el camino, en los bosques de Caria, se tomó un descanso para recuperarse y beber agua del manantial de Salmacis. Allí vivía una ninfa llamada Salmacis, que estaba tan asombrada de lo hermoso que era el joven que intentó seducirlo antes de que él rechazara sus avances. Cuando Hermaphroditus pensó que ella se había ido y que estaba solo, se lanzó a la piscina para nadar desnudo. Sin embargo, Salmacis apareció de su escondite detrás de un árbol y también se lanzó, envolviéndolo y pidiendo a los dioses que los unieran. Estos decidieron acceder a su deseo y fusionaron los dos cuerpos en uno, lo que dio lugar a una criatura de dos sexos.

Belerofonte y Pegaso

Otro de los grandes héroes de la mitología griega, Belerofonte, era muy apreciado por haber matado a muchos monstruos malignos. La matanza más famosa de la que hemos hablado en este libro es cuando mató a la criatura malvada, Quimera. Se cree que era hijo de Poseidón y Eurínome. En la mitología griega, Belerofonte suele ir acompañado del caballo alado Pegaso. Se cree que Pegaso surgió de la sangre de su madre, Medusa, cuando fue decapitada tras ser engañada por el héroe griego Perseo. Según otras historias, nació de una mezcla de la sangre de su madre y la espuma del mar. En cualquier caso, Pegaso nació como un caballo con alas.

En el momento en que Pegaso nació, grandes rayos atravesaron el cielo, junto con enormes nubes de truenos. Esto es lo que le proporcionó su conexión con los elementos del cielo. Se cuenta que un día, Belerofonte se topó con esta fascinante criatura bebiendo en un lago y optó por intentar domesticarla. Sin la brida de oro que le dio Atenea, esto habría sido imposible.

Después de que él y Pegaso fueran capaces de matar a Quimera, Belerofonte se volvió engreído y arrogante y se sintió con derecho a dirigirse al Monte Olimpo, donde residían los dioses. Esta acción enfureció a Zeus, que envió un tábano para apuñalar a Pegaso, lo que provocó que Belerofonte cayera del caballo en pleno vuelo.

Pegaso siguió adelante hacia el Olimpo y acabó convirtiéndose en un fiel servidor de Zeus. Está escrito que Atenea salvó la vida de Belerofonte suavizando su caída; sin embargo, quedó lisiado y solo, y pasó el resto de su vida así.

Conclusión

Aquí tienes todo lo que quieres saber sobre la mitología griega, desde los titanes y los dioses hasta las historias y mitos más populares.

Ahora deberías comprender mejor la influencia que la mitología griega ha tenido en nuestro mundo actual, ya sea a través de la denominación de las ciudades, como el nombre de Atenas en honor a la diosa Atenea, o de términos o frases concretas, como "Eco", "Narcisista" o "Talón de Aquiles". Es realmente sorprendente la cantidad de sociedad moderna que sigue basándose en diferentes aspectos de los relatos de la mitología griega.

La mayoría de las personas con poco conocimiento de la mitología griega creen que ésta comenzó con Zeus y el Monte Olimpo. No obstante, ahora conocen el papel de los Titanes en la mitología griega y lo vital que fue la guerra de los Titanes para la mitología griega tal y como la conocemos hoy. Para entender realmente la mitología griega, este conocimiento es vital.

También es interesante observar que muchas de las ideas planteadas en la mitología griega en torno al amor, la venganza y la astucia siguen reproduciéndose en la sociedad actual. No es de extrañar que la mitología griega se refleje a menudo en la industria del cine y el teatro, ya que los sentimientos de las historias siguen siendo tan relatables hoy como entonces.

Para recapitular, empezamos abordando los principales dioses griegos en torno a los cuales gira la mitología griega. Esto incluía a los Titanes, como Cronos y Rea, y cómo derrocaron a su padre para reinar sobre el mundo.

A continuación, abordamos la concepción de Zeus y de los demás dioses y diosas de Cronos, a la vez que tratamos con más detalle la batalla de la Titanomaquia, incluyendo cómo Zeus fue capaz de derrotar a su padre y luego a los gigantes para sentarse en lo alto del monte Olimpo a cargo de todos los seres vivos.

Luego nos adentramos en el área de la mitología griega que rodea a los semidioses. Ahora sabrás que un semidiós se forma cuando solo uno de sus dos padres es un dios o una diosa. También hemos profundizado en algunos de los semidioses más influyentes de la mitología griega, como Heracles y Aquiles, por nombrar un par de ellos.

Posteriormente, dejamos de fijarnos solo en los dioses y semidioses y nos centramos en algunos de los héroes que nos presenta la mitología griega. Algunos de estos nombres son de esperar, ya que su popularidad se extiende más allá de los interesados en la mitología griega, aunque puede que haya algunas entradas que desconozcas debido a su oscuridad.

También abordamos los diferentes monstruos y criaturas que había que vencer en la mitología griega, entrando en detalles sobre lo que los hacía tan malvados y peligrosos, así como un poco más de información sobre cómo nuestros héroes acabaron derrotándolos.

Para terminar, hemos visto algunas de las mejores y más conocidas historias de la mitología griega, dándote una idea de la excelente narrativa que ha hecho que la mitología griega sea tan prolífica.

Espero que hayas disfrutado adentrándote en el mundo de la mitología griega y que ahora tengas una mayor apreciación y comprensión de los dioses, diosas, héroes, monstruos, mitos y leyendas que han perdurado durante miles de años.

www.ingramcontent.com/pod-product-compliance
Lightning Source LLC
Chambersburg PA
CBHW061046050726
47592CB00004B/1609